# Meine kleine Welt im Garten

## Süße Stickmotive für dich und deine Freunde

Bibliografische Information der Deutschen Bibliothek.

Die Deutsche Bibliothek verzeichnet diese Publikation in der deutschen Nationalbibliografie.
Detaillierte bibliografische Daten sind im Internet über http://www.d-nb.de/ abrufbar.

EIN BUCH DER EDITION MICHAEL FISCHER

1. Auflage 2012

Alle Rechte der deutschsprachigen Ausgabe bei
© Edition Michael Fischer GmbH, Igling
© Fleurus Editions, Paris – 2010

Titel der Originalausgabe: Ma vraia nature
Aus dem Französischen übertragen von: Hanne Henninger

Gesamtherstellung: Stefanie Jähnig

ISBN: 978-3-86355-105-6

# im Garten

Süße Stickmotive für dich und deine Freunde

Sylvie Blondeau

EDITION
MICHAEL FISCHER

## Sticken Sie sich Ihre kleine Welt!

Ein Stück Leinen oder ein anderer geeigneter Stoff, ein paar Stränge Garn und eine Nadel – und schon können Sie mit dem Sticken beginnen! Auf den Seiten 52 bis 59 finden Sie alle Erklärungen zu den durchweg sehr einfachen Stichen. Im Garten zu sticken ist ein wahres Vergnügen, doch selbst in der Stadt oder im Winter ist ein Spaziergang an der frischen Luft eine Wohltat. Halten Sie dieses einfach zu findende Glücksgefühl in gestickter Form fest: gesammelte Pilze, ein erfrischendes Zehenbad im Fluss, frisch vom Baum gepflückte Früchte, zwitschernde Vögel beim ersten Sonnenstrahl am Morgen ...

50K

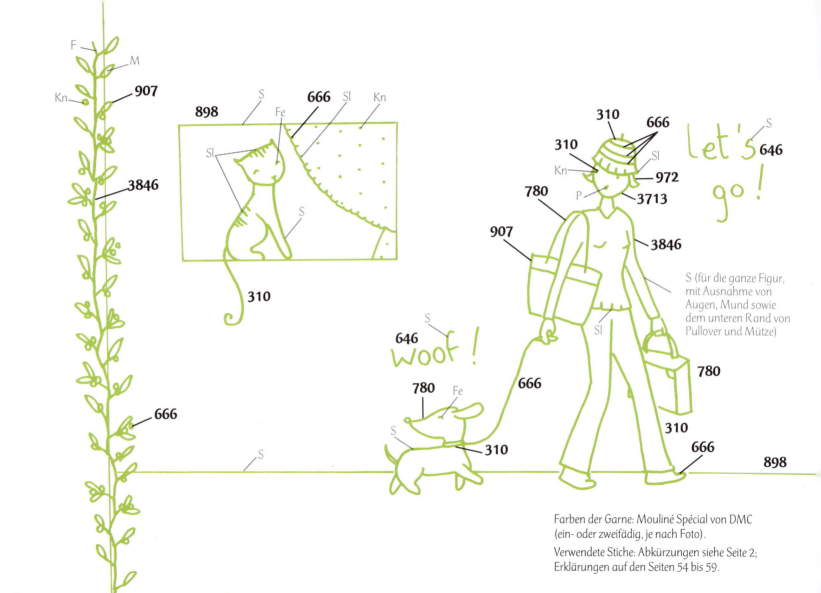

Farben der Garne: Mouliné Spécial von DMC
(ein- oder zweifädig, je nach Foto).

Verwendete Stiche: Abkürzungen siehe Seite 2;
Erklärungen auf den Seiten 54 bis 59.

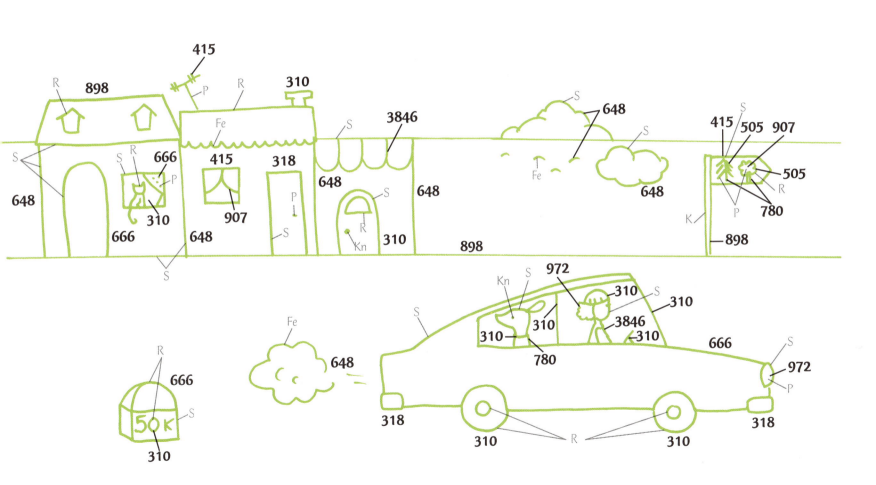

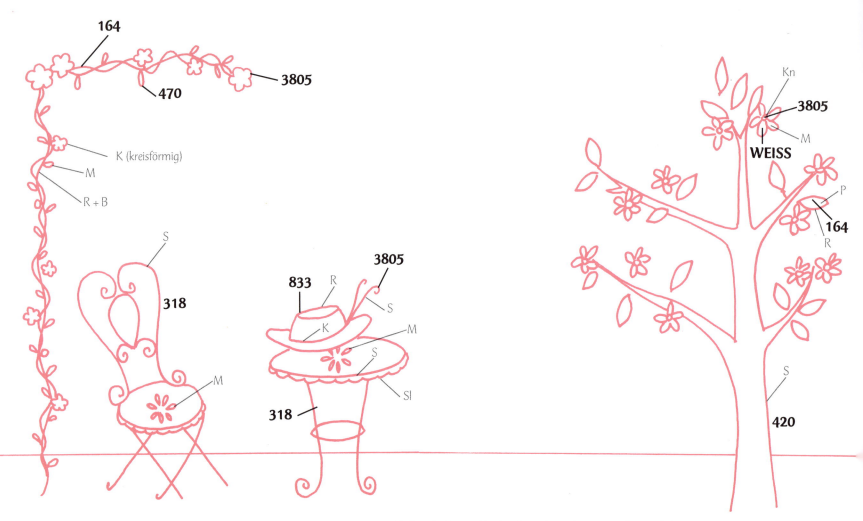

**164**

**3805**

**470**

K (kreisförmig)

M

R + B

S

**318**

**833** R

**3805**

S

K

M

S

Sl

**318**

Kn

**3805**

M

**WEISS**

P

**164**

R

S

**420**

Farben der Garne: Mouliné Spécial von DMC (ein- oder zweifädig, je nach Foto).

Verwendete Stiche: Abkürzungen siehe Seite 2; Erklärungen auf den Seiten 54 bis 59.

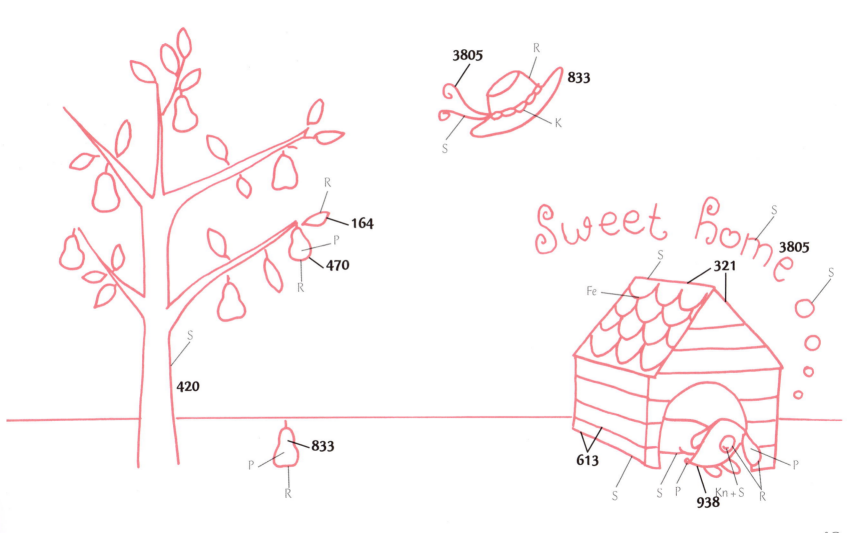

R
3805    833
K
S

R
164
P
470
R

S

420

P
833
R

Sweet home

S
S
Fe    321
3805
S

613
S    S P    Kn+S    R    P
938

13

### Kleine Tasche
Motiv siehe Seite 12
Anleitung auf Seite 61

### Handarbeitsbeutel
Motiv siehe Seite 9
Anleitung auf Seite 60

### Buttons
Motive siehe die Seiten 26 und 27
Anleitung auf Seite 62

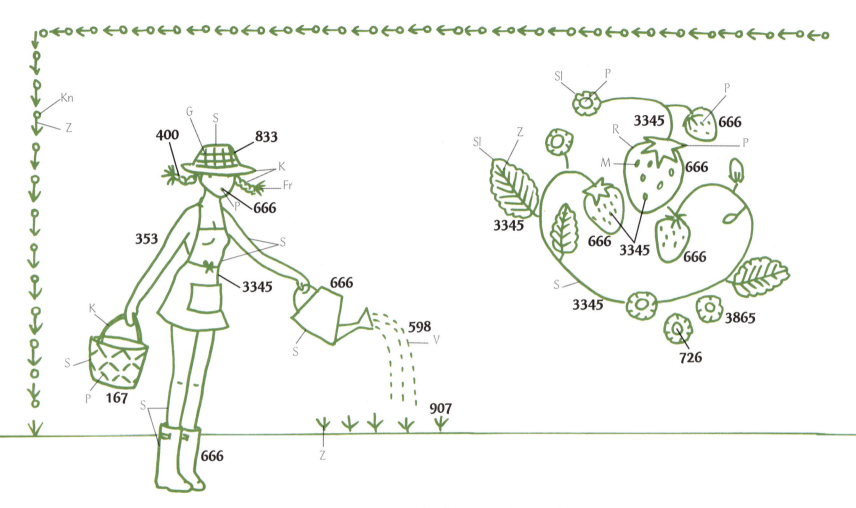

Kn
Z
400
G
S
833
K
Fr
P
666
353
S
3345
666
K
S
P
167
S
666
598
V
S
907
Z

Sl
P
P
3345
666
Sl
Z
R
P
M
666
3345
666
666
3345
3345
666
S
3345
3865
726

Farben der Garne: Mouliné Spécial von DMC (ein- oder zweifädig, je nach Foto).
Verwendete Stiche: Abkürzungen siehe Seite 2; Erklärungen auf den Seiten 54 bis 59.

18

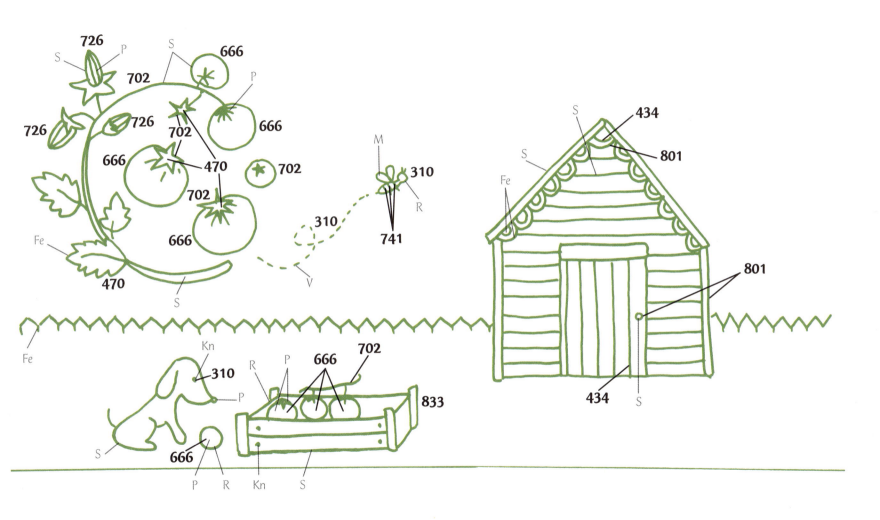

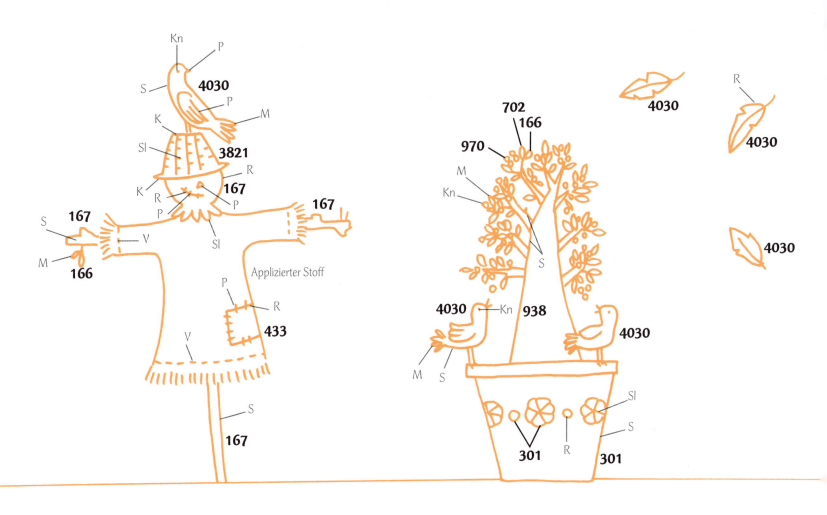

Farben der Garne: Mouliné Spécial von DMC (ein- oder zweifädig, je nach Foto).

Verwendete Stiche: Abkürzungen siehe Seite 2; Erklärungen auf den Seiten 54 bis 59.

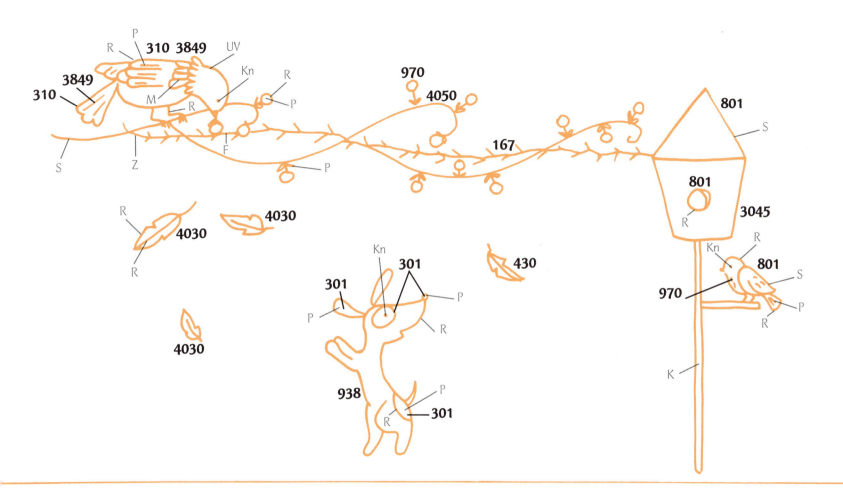

R P **310 3849** UV
**3849** Kn R
**310** M R P
S Z F P

**970**
**4050**

**167**

**801**
S

**801**
R

**3045**

R
**4030**
**4030**
R

**4030**

Kn **301**
**301** P
P R

**430**

Kn R
**970** **801**
S
P
R

**938**
R **301** P

K

23

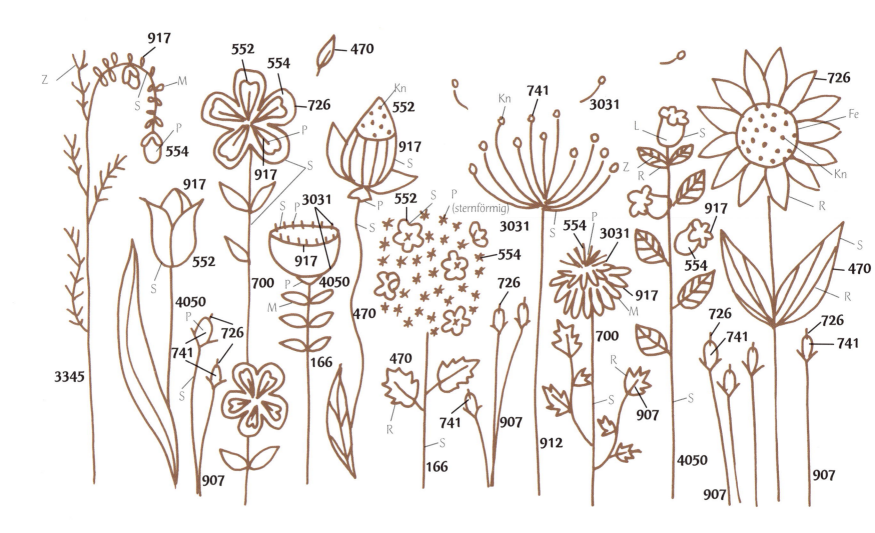

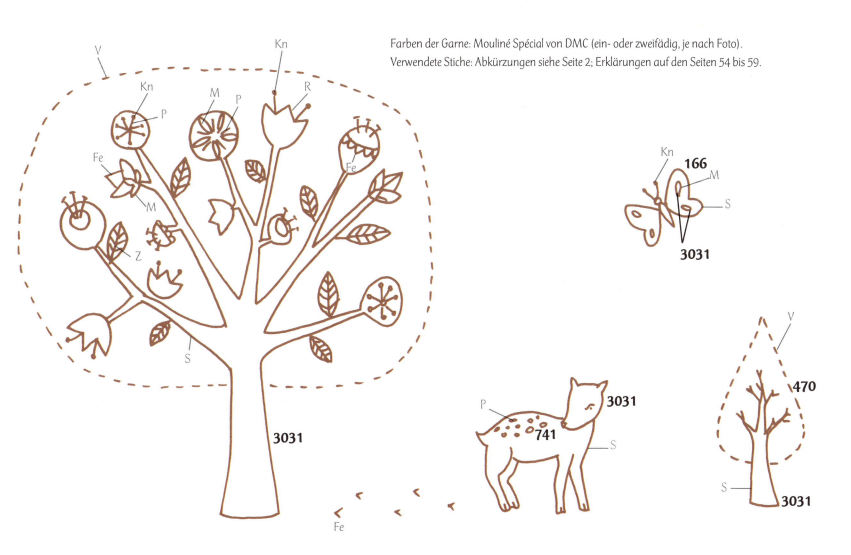

Farben der Garne: Mouliné Spécial von DMC (ein- oder zweifädig, je nach Foto).

Verwendete Stiche: Abkürzungen siehe Seite 2; Erklärungen auf den Seiten 54 bis 59.

27

## Schutzhülle für Thermosflasche
Motiv siehe Seite 27 (vergrößert)
Anleitung auf Seite 60

## Notizbuch
Motiv siehe Seite 23
Anleitung auf Seite 62

## Kissenbezug
Motiv siehe Seite 26 (vergrößert)
Anleitung auf Seite 63

## Untersetzer
Motive siehe Seite 26
Anleitung auf Seite 63

Leçon de choses

# Leçon³⁰³¹ de choses

Band

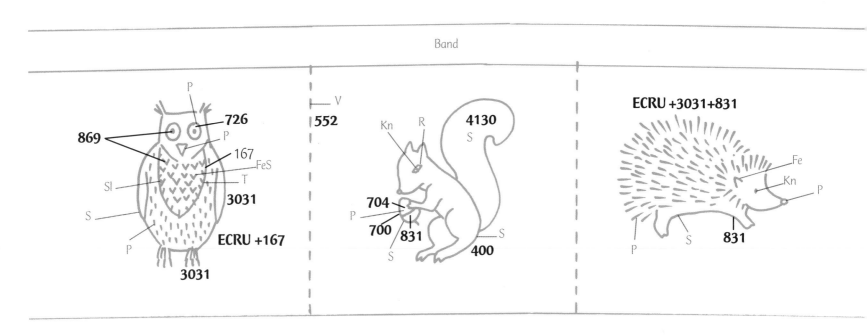

Farben der Garne: Mouliné Spécial von DMC (ein- oder zweifädig, je nach Foto).
Verwendete Stiche: Abkürzungen siehe Seite 2; Erklärungen auf den Seiten 54 bis 59.

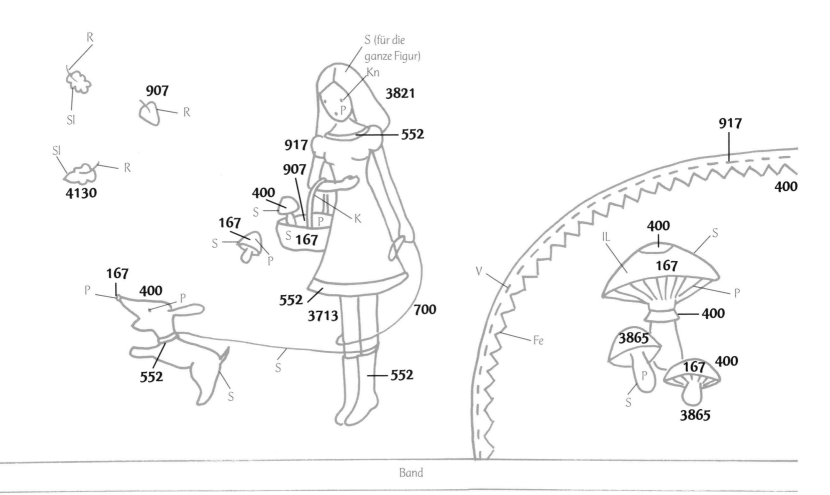

R

907

SI

R

SI

R

4130

S (für die ganze Figur)
Kn

3821

552

917

907

400

S

S 167

167

S

P

P

167

P 400 P

552

S

552

3713

700

S

552

917

400

V

Fe

IL 400 S

167

P

400

3865

167 400

P

3865

S

Band

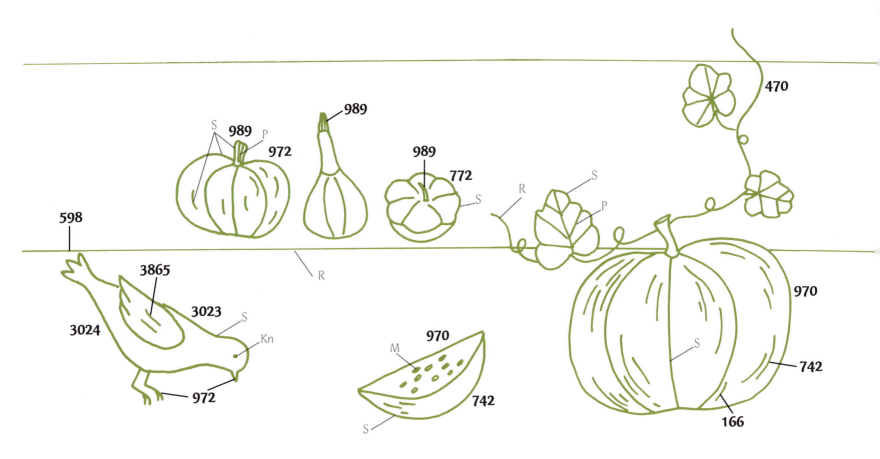

470

S 989 P
972

989

989 772
S

598

R

R S
P

3865

3024 3023 S
Kn
972

970
M
S

742

970
S

742

166

36

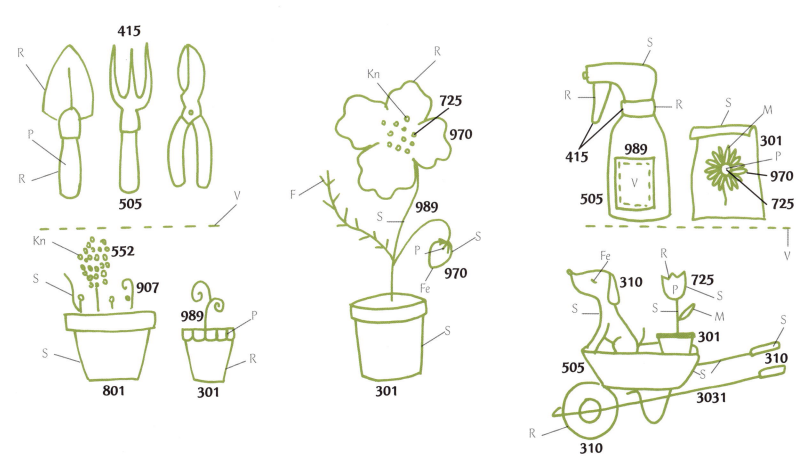

415

R

P

R

505

Kn
552

S
907

989
P

S
R

801

301

R
Kn
725
970

F

S
989

P
S
Fe
970

S

301

S
R
415
989
V
505

S
M
301
P
970
725

S

V

Fe
R
310
725
S
S
S
M
505
301
S
R
310
3031
310

Farben der Garne: Mouliné Spécial von DMC (ein- oder zweifädig, je nach Foto).

Verwendete Stiche: Abkürzungen siehe Seite 2; Erklärungen auf den Seiten 54 bis 59.

## Tischset
Motiv siehe Seite 43
Anleitung auf Seite 63

## Beutel
Motiv siehe Seite 46 (vergrößert)
Anleitung auf Seite 63

## Deckelüberzug für Marmeladenglas
Motiv siehe Seite 42
Anleitung auf Seite 63

## Hutband
## Yoyos
Motive siehe die Seiten 18, 19 und 22
Anleitung auf Seite 62

41

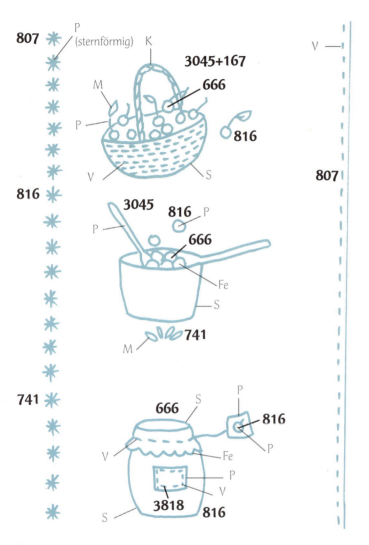

807 **P** (sternförmig) **K**
**3045+167**
**666**
**M**
**P**
**816**
**V** **S**

816 **3045** **816 P**
**P**
**666**
**Fe**
**S**
**741**
**M**

741 **666 S**
**816**
**P**
**P**
**V**
**Fe**
**3818** **816**
**S**

**V** — — —

**807**

Farben der Garne: Mouliné Spécial von DMC (ein- oder zweifädig, je nach Foto).
Verwendete Stiche: Abkürzungen siehe Seite 2; Erklärungen auf den Seiten 54 bis 59.

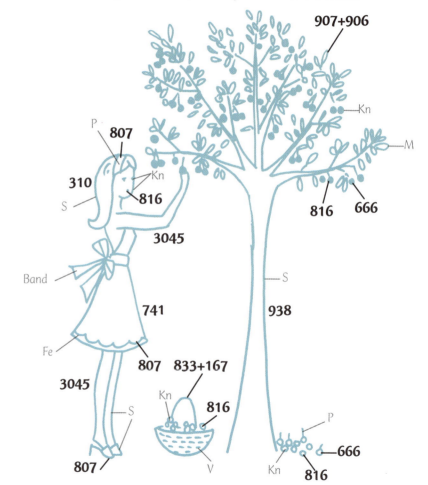

**907+906**
Kn
**P**
**807**
M
Kn
**310**
**816**
**S**
**816 666**
**3045**
Band
**S**
**741**
**938**
Fe
**807** **833+167**
**3045**
Kn
**816**
P
**S**
**666**
**807**
Kn
V
**816**

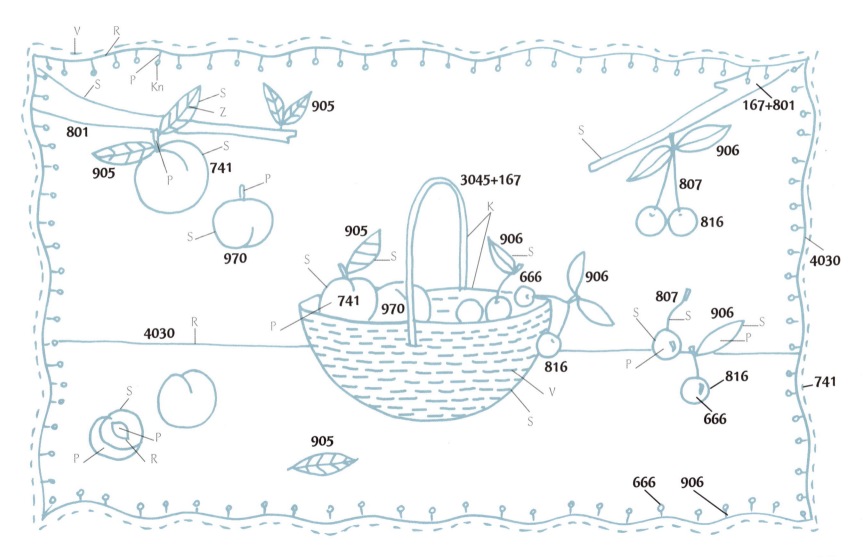

V  R
S
P  Kn
801
S
Z
905
905
S
P
741
S
741
P
P
S
970
167+801
S
906
807
816
4030
3045+167
K
905
S
906
S
S
741
666
906
970
P
807
S  S
906
S
P
816
V
S
P
666
816
4030  R
S
P
R
P
905
666  906

43

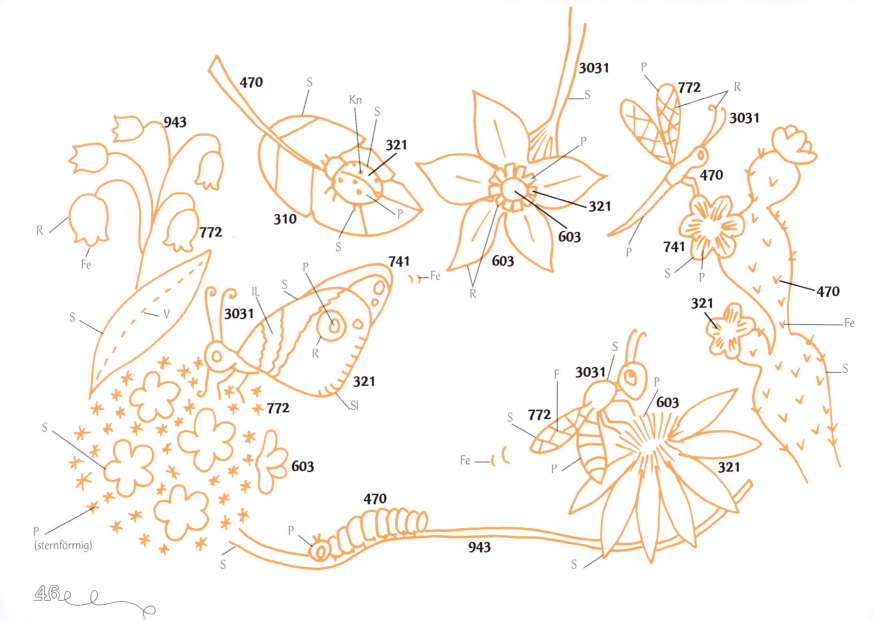

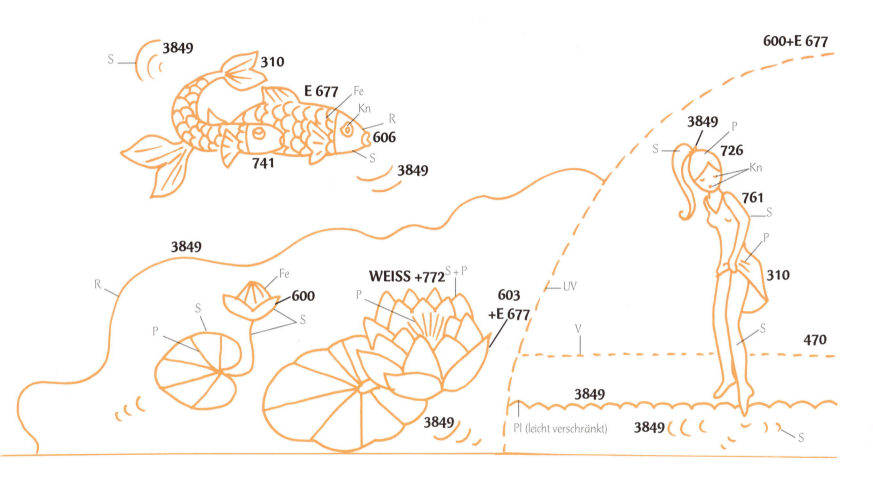

3849

310

E 677 — Fe
Kn
R
606
S
741
3849

600+E 677

3849 — P
726
Kn
761
S
P
310
S
UV
V
470

3849
R
P S
S
Fe
600
S
P
WEISS +772 S+P
603 +E 677
3849
PI (leicht verschränkt)
3849
S

Farben der Garne: Mouliné Spécial von DMC (ein- oder zweifädig, je nach Foto).

Verwendete Stiche: Abkürzungen siehe Seite 2; Erklärungen auf den Seiten 54 bis 59.

**Schachtel**
Motiv siehe Seite 27
Anleitung auf Seite 63

**Säckchen**
Motiv siehe Seite 46
Anleitung auf Seite 61

**Anhänger**
Motiv siehe Seite 46
Anleitung auf Seite 62

**Armband aus Knöpfen**
Motive siehe die Seiten 19, 27 und 47
Anleitung auf Seite 62

# Das Rezept der Stickerin

## Marmelade aus roten Früchten in Tee

### Zutaten

- 40 cl Tee, aromatisiert mit Blüten (Rosen, Jasmin … )
- Saft von zwei Zitronen
- 1,5 kg Zucker
- 1 kg Himbeeren (frisch oder tiefgekühlt)
- 1 kg Kirschen (frisch oder tiefgekühlt)

Falls Sie tiefgekühlte Früchte nehmen, lassen Sie diese zuvor in einem Sieb auftauen.

Lassen Sie in einem Topf den Tee mit dem Zucker und dem Zitronensaft ungefähr zehn Minuten lang köcheln. Rühren Sie die Flüssigkeit regelmäßig mit einem Kochlöffel aus Holz um, bis ein schöner Karamell entsteht.

Geben Sie die Kirschen hinzu und lassen Sie sie 15 Minuten kochen. Fügen Sie dann die Himbeeren hinzu und lassen Sie die Masse weitere 15 Minuten lang kochen. Rühren Sie die Masse immer wieder um.

Prüfen Sie die Konsistenz, indem Sie einen Teelöffel der Masse auf einen kalten Teller geben: Wenn sie fest wird, füllen Sie die Marmelade in Gläser um, ohne abzuwarten, bis sie abgekühlt ist. Im anderen Fall lassen Sie sie noch etwas länger kochen, haben Sie aber ein wachsames Auge darauf.

Schließen Sie die Deckel und stellen Sie die Gläser kopfüber für 30 Minuten in sehr kaltes Wasser.

**Nun müssen Sie nur noch kosten …**

## Ausstattung

### Leinen

Wählen Sie für den Anfang am besten einen hellen Baumwollstoff, der ziemlich eng gewebt ist. Falls Sie nähen, können Sie auch gerne mit mehreren Stoffen arbeiten. Sie können aber genauso einen einfarbigen Stickgrund (Kissen, Schürze, Geschirrtuch...) nehmen.

### Bleistift und Radiergummi

Ein Bleistift eignet sich perfekt für das Vorzeichnen des Motivs auf hellen Stoffen.

### Stickrahmen

Dieser ist nicht unbedingt notwendig. Er bietet jedoch die Gewähr, dass die Stiche auf dem gespannten Stoff gleichmäßiger ausfallen.

### Sticknadeln

Sie haben ein längliches Nadelöhr und sind recht spitz. Nadeln Nr. 9 sind perfekt.

### Stickschere

Mit den kurzen Klingen einer Stickschere lassen sich die Fäden ganz dicht am Stoff abschneiden, ohne die Gefahr, dass ein Malheur passiert!

Garn Mouliné Spécial von DMC
Mit über 450 Tönen umfasst dieses Stickgarn auch Metallicgarne (Effet Lumière) sowie Farbabstufungen (Color Variations). Dieses Garn besteht aus sechs Fäden, die sich problemlos trennen lassen.
Die Stickereien in diesem Buch sind im

1 Faden

2 Faden

3 Faden

4 Faden

Allgemeinen je nach gewünschter Stärke mit einem oder zwei Fäden ausgeführt.

## Die Grundlagen!

Das Motiv übertragen
Kopieren Sie das gewählte Motiv in der

gewünschten Größe oder verkleinern Sie es, wenn nötig.
Übertragen Sie es mit Stift und Kohlepapier auf den stramm glattgezogenen Stoff. Sie

können das Motiv und den Stoff auch auf eine Fensterscheibe kleben, um die Transparenz zu erhöhen.
Für dunklere Stoffe finden Sie im Kurzwarenhandel Transferstifte wie auch spezielles Kohlepapier fürs Sticken.
Spannen Sie den Stoff (wenn Sie möchten ...)
Legen Sie den Stoff zwischen die beiden Ringe des aufgeschraubten Stickrahmens.

Schieben Sie die Ringe übereinander. Schrauben Sie den Rahmen zu und ziehen Sie dabei wenn nötig den Stoff rundum straff.

## Den Faden vorbereiten

Ziehen Sie das Endstück des Fadens aus dem Strang.

Schneiden Sie ein 30 bis 40 cm langes Stück ab.

Trennen Sie die benötigte Anzahl an Fäden ab.

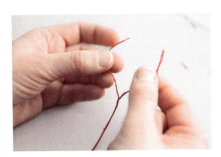

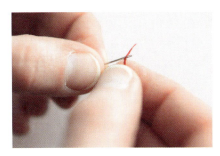

Fädeln Sie den Faden durch das Nadelöhr. Wenn Sie ihn anfeuchten, geht's leichter.

## Mit dem Sticken anfangen

Stechen Sie die Nadel, ohne Knoten am Ende des Fadens, von hinten durch den Stoff und ziehen Sie das Garn nur so weit durch,

dass es auf der Rückseite noch 1 oder 2 cm weit übersteht.

## Abschluss

Vernähen Sie den Faden, indem Sie ihn unter den letzten Stichen hindurchziehen. Schneiden Sie über die Stickerei hinausstehende Enden ab.

### Spinnen Sie den Faden weiter!

Nun kennen Sie die Grundlagen. Üben Sie an einem einfachen Motiv mit dem Vorstich (s. nächste Seiten). Experimentieren Sie nach und nach mit anderen Stichen, spielen Sie mit der Größe der Motive, nehmen Sie Bänder, Perlen, Knöpfe oder auch Stoffapplikationen hinzu: Ein schmaler Umschlag der Kanten sowie eine Naht mit kleinen Stichen ... mehr ist nicht nötig.

# Die Stiche

Schon mit den einfachsten Vorstichen in schönen Farben sticken Sie wahre Wunderwerke! Mit dem folgenden Repertoire an Stichen haben Sie dann noch mehr Variationsmöglichkeiten. Sie werden die in den Vorlagen verwendeten Stiche dank der Abkürzungen, mit denen sie versehen sind, leicht identifizieren. Die Liste auf der hinteren Umschlagklappe ist als Erinnerungsstütze für Sie gedacht.

## Konturstiche

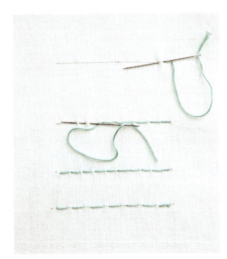

### Vorstich (V)

Arbeiten Sie auf einer Linie von rechts nach links. Stechen Sie die Nadel in regelmäßigem Abstand von vorne nach hinten und wieder nach vorne durch den Stoff. Für eine praktisch durchgängige Linie führen Sie die Stiche jeweils nur über einen oder zwei Stofffäden. Soll es lockerer wirken, machen Sie die Stiche größer.

**Trick**

Die Ausführung der Stiche ist für Rechtshänder angegeben. Sind Sie Linkshänderin, so betrachten Sie sich die Abbildungen in einem Spiegel.

### Rückstich (R)

Arbeiten Sie auf einer Linie von rechts nach links. Wie der Name schon sagt, wird bei diesem Stich der Faden aus dem in der Reihe vorne liegenden Ausstichloch nach hinten geführt. Sticken Sie kurze gleichmäßige Stiche, die so eng wie möglich aufeinanderfolgen

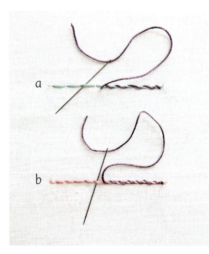

### Umwendelter Vorstich (UV) bzw. Rückstich (UR)

Sticken Sie eine Reihe aus Vorstichen (a) oder Rückstichen (b). Ziehen Sie dann einen zweiten Faden jeweils von oben nach unten durch die Stiche der Reihe.

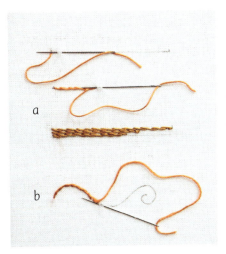

## Stielstich (S)

Arbeiten Sie eine Linie von links nach rechts mittels Stichen von der Vorder- zur Rückseite, wobei Sie stets dicht neben dem Einstichloch des vorigen Stichs ausstechen und den Faden unterhalb der Nadel ablegen. Sticken Sie nebeneinanderliegende Reihen, können Sie auf diese Weise Formen füllen (a). Um Rundungen perfekt hinzubekommen, kombinieren Sie den klassischen Stielstich mit in Gegenrichtung ausgeführten Stielstichen. Gehen Sie dabei auf gleiche Weise vor, legen Sie den Faden jedoch über die Nadel (b).

## Schlingstich (Sl)

Der Stich wird für gerade Linien, für Rundungen oder Kreise verwendet und von links nach rechts gearbeitet. Beim ersten Stich stechen Sie über der gedachten Mittellinie links oben von hinten nach vorne aus und im gewünschten Abstand in gleicher Höhe rechts oben wieder ein. Ziehen Sie den Faden nicht ganz durch. Stechen Sie nun genau senkrecht unter der gedachten Mittellinie wieder nach vorne aus und schieben Sie dabei die Fadenschlinge unter die Nadel. Für den nächsten und alle folgenden Stiche führen Sie den Faden erneut in gleichem Abstand rechts oben nach hinten.

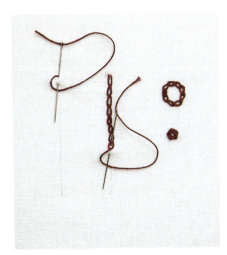

## Kettenstich (K)

Dieser Stich wird für Konturen oder zum Füllen verwendet und von der Vorder- zur Rückseite ausgeführt. Legen Sie dazu den Faden bei jedem Stich unter die Nadel, ziehen Sie ihn nicht ganz durch und achten Sie darauf, dass die Schlingen gleichmäßig werden. Fixieren Sie die letzte Schlinge mit einem kleinen Stich.

## Knopflochstich (Kl)

Dieser geht genau wie der Schlingstich, allerdings stehen die Stiche sehr dicht nebeneinander.

# Einzelstiche

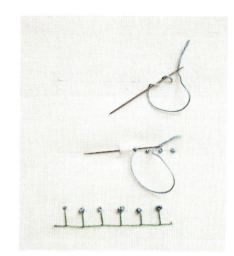

## Margeritenstich (M)
Arbeiten Sie diesen wie einen Kettenstich, doch fixieren Sie die Schlinge in der gewünschten Länge jeweils mit einem kurzen Stich am Ende.

## Knötchenstich (Kn)
Ziehen Sie die Nadel von hinten aus dem Stickgrund. Wickeln Sie den Faden mit der rechten Hand ein, zwei oder drei Mal in engen Schlingen um die Nadel. Stechen Sie die Nadel mit gestrafftem Faden an derselben Stelle wieder durch den Stoff nach hinten. Ziehen Sie den Faden durch und lassen Sie dabei die Schlingen mit herunterrutschen. Schon ist der Knoten fertig.

## Fransen (Fr)
Mit diesem Stich können Sie die Barthaare von Tieren oder die Enden von Zöpfen anfertigen. Lassen Sie das Fadenende auf der Vorderseite etwas überstehen, arbeiten Sie zwei kleine Stiche übereinander, schneiden Sie dann den Faden mit gleich langem Überstand ab. Wenn nötig können Sie das Ganze wiederholen.

# Füllstiche

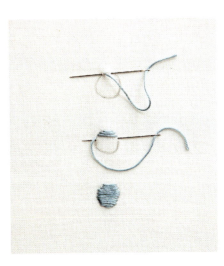

### Plattstich (P)
Er dient überwiegend zum Füllen kleiner Flächen. Stechen Sie die Nadel am Rand der Form von hinten heraus, führen Sie den Faden über die ganze Breite der Fläche und stechen Sie am gegenüberliegenden Rand wieder ein. Auf der Rückseite legen Sie den Faden direkt neben den vorherigen Ausstich. Sie können je nach gewünschtem Effekt die Stiche auch schräg oder weiter auseinander setzen oder einzeln arbeiten.

### Ineinandergreifender Langstich (IL)
Sticken Sie einen Streifen senkrechte Plattstiche in unterschiedlicher Länge. In der nächsten Reihe setzen Sie Plattstiche gleicher Länge unter die kurzen Stiche. Füllen Sie auf diese Weise die gesamte Fläche des Motivs. Der Stich ist ideal zum Abdecken von Flächen, auch lassen sich mit ihm schöne Farbabstufungen erzielen.

### Ineinandergreifender Plattstich (IP)
Arbeiten Sie einen Streifen senkrechte Plattstiche. Für den zweiten und weitere Streifen stechen Sie die Nadel jeweils zwischen zwei Stichen des vorherigen Streifens ein: Die Streifen greifen dann ineinander.

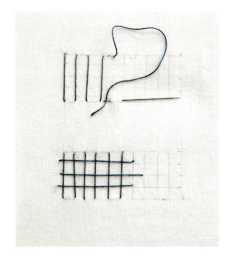

### Gitter (G)
Sticken Sie eine Reihe Stiche in gleichmäßigem Abstand, danach eine zweite im rechten Winkel zur ersten, wobei Sie jeden Stich unter und über die ersten führen, bevor Sie wieder in den Stoff stechen.

# Bänder und Bordüren

### Hexenstich (H)

Der Stich wird waagerecht auf zwei parallelen Linien gearbeitet. Stechen Sie die Nadel auf der oberen Linie von hinten nach vorne aus, um eine kurze Stichlänge nach rechts versetzt auf der unteren Linie wieder ein und um dieselbe Länge nach links versetzt von Neuem aus. Dann führen Sie die Nadel erneut schräg nach rechts oben, stechen nach hinten durch und im gleichen Abstand links wieder aus. Achten Sie auf einen gleichmäßigen Abstand zwischen den Stichen.

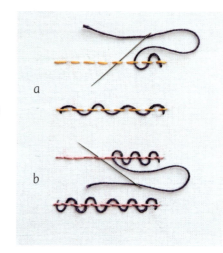

a

b

### Durchgezogener Vor- bzw. Rückstich (D)

Sticken Sie eine Reihe Vor- (a) oder Rückstiche (b). Schieben Sie einen anderen Faden in gut sichtbarer Wellenform durch die bereits ausgeführten Stiche.

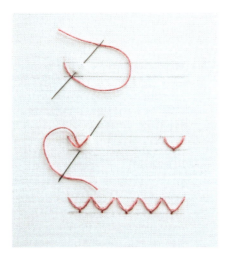

### Federstich (Fe)

Der Stich wird von links nach rechts in Reihen, in Reihen übereinander oder als Einzelstich ausgeführt. Stechen Sie die Nadel oben von hinten auf dem vorgezeichneten Strich nach vorne, dann rechts oben wieder ein. Schieben Sie die Nadel dann etwas oberhalb des unteren Strichs wieder heraus und legen Sie dabei die Fadenschlinge unter die Nadel. Achten Sie darauf, den Faden nicht allzu fest zu ziehen. Stechen Sie nun genau in der Mitte des Stichs auf dem unteren Strich wieder ein und führen Sie den Faden oben zum vorigen Einstichloch erneut heraus.

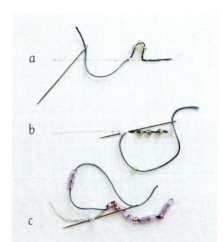

a

b

c

### Perlen (Pe)

Je nach gewünschtem Effekt gibt es zum Festmachen Perlen mehrere Varianten:
- Vorstich (a)
- Rückstich (b)
- Kombination aus beiden (c).

## Zweigstich (Z)

Beginnen Sie am oberen Rand der Vorzeichnung. Sticken Sie drei gleich lange gerade Stiche, die jeweils im selben Ausstichloch an der Basis beginnen und in einem Winkel zueinander stehen. Möchten Sie den Stich für ein Motiv fortsetzen, stechen Sie jeweils in genau gleichem Abstand unter dem letzten Stich wieder ein.

## Fischgrätenstich (F)

Stechen Sie mit der Nadel oben an der Vorzeichnung von der Rückseite nach vorne und dann abwechselnd links oder rechts davon wieder nach hinten. Legen Sie die Fadenschlinge dabei unter die Nadel.

Sticken ist ein Vergnügen. Selbst angefertigte Stickereien auf einem Deko- oder Gebrauchsstück sind gleich doppelt befriedigend! Die Arbeiten in diesem Buch sind als Inspiration gedacht, vor allem für Stickerinnen, die auch gerne nähen. Sie können ganz nach Belieben die Motive Ihrer Wahl auf einen fix und fertig gekauften Stickgrund aufbringen, die Farben ändern, die Größen anpassen ...

Damit die Anleitungen nicht so kompliziert sind, wurden nur das jeweilige Material und die Nähschritte im Detail angeführt. Außerdem sind die Nahtzugaben angegeben. Sehen Sie sich für die Stickereien die Fotos und die Motivseiten an. Für einen perfekten Abschluss suchen Sie eine Garnfarbe aus, umstechen damit die Stoffkanten und glätten die Nähte mit dem Bügeleisen.

## Beutel, Tasche etc.

### Schutzhülle für Thermosflasche

**Material**
Bedruckter Stoff, ungebleichtes Leinen, Zackenlitze.
Vorgesehene Nahtzugabe: 0,5 cm.

Die angegebenen Maße sind die des abgebildeten Modells (26 cm hoch und knapp 8 cm im Durchmesser). Natürlich passen Sie die Maße an Ihre eigene Thermosflasche an.

**1.** Schneiden Sie vom Leinen ein 27 x 12,5 cm großes Rechteck, vom Druckstoff ein 27 x 15 cm großes Rechteck sowie einen Kreis mit 9 cm Durchmesser zu. Nähen Sie die Rechtecke rechts an rechts zusammen: Sie erhalten eine Stoffbahn von 27 x 26,5 cm. Sticken Sie das Motiv auf das Leinen. Nähen Sie einen Rand der Litze auf die Naht und den anderen mindestens 1 cm unterhalb des oberen Rands auf den Leinenstoff.

**2.** Nähen Sie die Stoffbahn rechts auf rechts an den Kreis an, schließen Sie dann die Seite.

**3.** Für das Futter schneiden Sie von dem Leinen ein 27 x 26,5 cm großes Rechteck und einen 9 cm weiten Kreis zu. Nähen Sie die Teile wie die äußeren zusammen, lassen Sie jedoch an der Seite in der Mitte eine Öffnung. Wenden.

**4.** Für den Henkel schneiden Sie einen 2,5 x 5 cm großen Streifen aus dem bedruckten Stoff zurecht. Falten Sie ihn der Länge nach rechts auf rechts und nähen Sie ihn an der Längsseite zusammen. Auf rechts wenden.

**5.** Schieben Sie das Innenfutter rechts auf rechts ins Innere der Hülle. Steppen Sie den Henkel beidseits fest. Am oberen Rand das Futter mit der Außenseite zusammennähen. Das Ganze wenden und die Naht schließen.

### Handarbeits-beutel: Großes Modell

**Material**
Stoffe (ein einfarbiger, ein bedruckter), Schrägband, Bändchen.
Vorgesehene Nahtzugabe: 0,5 cm.

**1.** Schneiden Sie zwei 32 x 17 cm große Rechtecke von dem Druckstoff sowie eines mit 32 x 55 cm von dem einfarbigem zu. Legen Sie die kurzen Seiten des einfarbigen Stoffs aufeinander und markieren Sie die Falte als Bodenkante des Beutels. Sticken Sie auf einer Seite das Motiv auf.

**2.** Setzen Sie den Unistoff rechts auf rechts zwischen die beiden bedruckten Rechtecke ein. Schlagen Sie die so erhaltene Stoffbahn rechts auf rechts zur Hälfte um und nähen Sie die Seiten zusammen, lassen Sie aber oben noch 14 cm offen.

**3.** Schneiden Sie wie auf der Zeichnung auf S. 64 oben eine Rundung aus und die Henkel bogenförmig zu. Nähen Sie die Henkel an den Enden zusammen. Auf rechts wenden.

**4.** Fassen Sie die runde Öffnung und die Henkel mit Schrägband ein. Legen Sie für den Tunnelsaum rund um den Beutel ein Schrägband auf die Naht zwischen den beiden Stoffen: Die Kanten des Schrägbands werden 1 cm nach innen umgeschlagen und treffen sich in der Mitte der Vorderseite. Steppen Sie das Schrägband oben und unten ab. Ziehen Sie das Bändchen ein.

### Hand-arbeitsbeutel: Kleines Modell mit Ösen

**Material**
Zwei Druckstoffe, ungefärbtes Leinen, Schrägband, Bändchen, Ösen. Vorgesehene Nahtzugabe: 0,5 cm.

**.** Schneiden Sie zwei 26 x 24 cm große Rechtecke aus dem Druckstoff für den oberen Teil des Beutels, ein 26 x 19 cm großes aus dem zweiten Druckstoff für den unteren Abschnitt sowie aus dem Leinen ein Rechteck von 26 x 9 cm zu. Sticken Sie das Motiv auf.

**2.** Nähen Sie für die Vorderseite rechts auf rechts den Leinenstoff zwischen den oberen und unteren Druckstoff. Machen Sie dann dasselbe für die Rückseite. Legen Sie diese breiten Streifen rechts auf rechts und schließen Sie die Seiten, lassen Sie jedoch oben noch 14 cm offen.

**3.** Schneiden Sie gemäß der Skizze auf S. 64 oben die Rundung aus und die Henkelseiten leicht gebogen zu. Nähen Sie die Henkel an den Enden zusammen. Auf rechts wenden.

**4.** Nähen Sie rechts auf rechts das Schrägband auf die Öffnung. Setzen Sie die beiden Ösen nur auf der Vorderseite des Druckstoffs ein. Schlagen Sie das Schrägband nach innen um. Steppen Sie für den Tunnelsaum den Rand ab. Fädeln Sie ein Bändchen durch.

**5.** Steppen Sie an der Außenseite der Henkel rechts auf rechts ein Schrägband auf, schlagen Sie es nach innen ein, machen Sie dasselbe mit dem Rand des Druckstoffs. Fixieren Sie das Ganze mit einer Steppnaht.

## Kleine Tasche

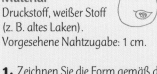

### Material
Drei Druckstoffe (zwei für außen, einer für das Futter), ungebleichtes Leinen, Band, Knopf. Vorgesehene Nahtzugabe: 0,5 cm.

**1.** Schneiden Sie für die Klappe und die Rückseite ein Quadrat mit 22 cm Seitenlänge aus dem ersten Druckstoff zu. Schneiden Sie aus dem zweiten Druckstoff zwei 4,5 x 15 cm große Streifen zurecht. Für das Innenfutter benötigen Sie ein 22 x 36 cm großes Rechteck.

**2.** Schneiden Sie aus dem Leinen ein Quadrat mit 15 cm Seitenlänge zu und sticken Sie das Motiv darauf. Nähen Sie an den Seiten des Leinens die beiden Streifen rechts auf rechts an. Wieder rechts auf rechts setzen Sie nun das Viereck für die Rückseite und die Klappe unten an der Vorderseite an.

**3.** Legen Sie das Ganze rechts auf rechts auf den Futterstoff. Setzen Sie in der Mitte der Klappe ein Bändchen als Lasche ein. Schließen Sie die Kanten, lassen Sie an der Seite jedoch eine Öffnung.

**4.** Wenden Sie den Stoff und falten Sie ihn für die Taschenform innen auf innen. Die offene Naht an der Seite schließen. Säumen Sie die Seitennähte mit Schlingstichen. Nähen Sie den Knopf an.

## Säckchen

### Material
Druckstoffe, ungebleichtes Leinen, Bändchen.
Vorgesehene Nahtzugabe: 0,5 cm.

Das Modell misst 11 x 17 cm. Es ist schnell gemacht und perfekt für kleine Geschenke. Scheuen Sie sich nicht, die Größen zu ändern. Sie können den Tunnelsaum auch weglassen und es stattdessen mit einem schön bestickten Anhänger versehen.

**1.** Schneiden Sie aus dem Leinen ein 12 x 20 cm großes Rechteck zu, schlagen Sie es einmal um und sticken Sie das Motiv auf die obere Hälfte. Schneiden Sie zwei 12 x 10 cm große Rechtecke vom Druckstoff zu.

**2.** Setzen Sie rechts auf rechts das Leinen zwischen die beiden Rechtecke aus Druckstoff. Falten Sie den so erhaltenen Streifen rechts auf rechts und schließen Sie ihn an den Seiten, lassen Sie aber an einer Seite vom oberen Rand gerechnet eine 2,7 cm lange Öffnung.

**3.** Schlagen Sie den Rand zweimal 1 cm breit um und steppen Sie ihn dann 0,7 cm tiefer ab. Ziehen Sie ein Band durch den Tunnelsaum.

## Beutel

### Material
Druckstoff, weißer Stoff (z. B. altes Laken).
Vorgesehene Nahtzugabe: 1 cm.

**1.** Zeichnen Sie die Form gemäß der Skizze auf S. 64 auf ein 35 x 55 cm großes Rechteck aus Papier. Schneiden Sie es aus. Übertragen Sie die Vorlage zweimal auf den weißen und zweimal auf den Druckstoff. Schneiden Sie die Markierungen für die Nähte 1 cm tief ein. Sticken Sie das Motiv auf den weißen Stoff.

**2.** Setzen Sie die beiden weißen Teile rechts auf rechts zusammen, indem Sie die abgerundete Partie von einer Markierung bis zur anderen absteppen. Nähen Sie das Futter auf dieselbe Weise zusammen, lassen Sie unten jedoch eine Öffnung und wenden Sie es.

**3.** Schieben Sie das Futter rechts auf rechts in den Beutel. Rundum absteppen, folgen Sie dabei genau den Ecken und Rundungen.

**4.** Drehen Sie den Beutel durch die Öffnung im Futter um. Schließen Sie die Zipfel mit kleinen Stichen. Knoten Sie die Zipfel zu, um einen Träger zu haben.

# Accessoires

## Knöpfe

### Material
Knöpfe zum Beziehen, Leinen oder Stoff, ungebleicht.

**1.** Sticken Sie das Motiv auf das Leinen. Zeichnen Sie rund um das Motiv einen Kreis im Durchmesser der Knöpfe. Zuschneiden. Ziehen Sie rundum am Rand einen Heftfaden durch.

**2.** Legen Sie den Knopf mittig auf den Stoff. Raffen Sie den Stoff und verknoten Sie den Faden. Fixieren Sie die Unterseite des Knopfes nach Anleitung des Herstellers.

## Buttons

Gehen Sie genau wie bei den Knöpfen vor, wählen Sie den hübschesten Stickgrund. Nach den Vorlagen ist es vielleicht nötig, den Fuß des Buttons mit einer Zange abzutrennen und das Stickmo-

tiv aufzukleben, damit es hält. Kleben Sie danach auf der Rückseite eine Sicherheitsnadel an.

Wenn Sie eine Buttonmaschine verwenden, erhöhen Sie die vom Hersteller angegebenen Zugaben und ziehen auch einen Heftfaden zum Raffen durch. So bleibt der Stoff beim Arbeiten schön an Ort und Stelle.

## Hutband

### Material
Weißer Stoff, Druckstoffe, ungebleichtes Leinen, Knöpfe zum Beziehen.

Band: Schneiden Sie aus dem weißen und einem Druckstoff einen 100 x 6 cm großen Streifen zu. Legen Sie beide rechts auf rechts aufeinander. Schneiden Sie die Enden schräg ab. Steppen Sie den Streifen ab, lassen Sie jedoch an einer Längsseite offen. Mit kleinen Stichen schließen.

Yoyos: Schneiden Sie Kreise aus Stoffen zu (zweimal der Durchmesser des gewünschten Yoyos plus 0,5 cm). Schlagen Sie die Kreise innen auf innen 0,5 cm breit um und heften Sie die Kante. Raffen Sie den Stoff und vernähen Sie den überständigen Faden. Setzen Sie mehrere Yoyos aufeinander, wenn Sie möchten. Nähen Sie einen bestickten Knopf

(s. nebenstehende Abbildung) in die Mitte des Yoyo. Um die Yoyos in Broschen zu verwandeln, nähen Sie an der Unterseite kleine Sicherheitsnadeln an.

## Notizbuch

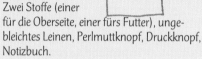

### Material
Zwei Stoffe (einer für die Oberseite, einer fürs Futter), ungebleichtes Leinen, Perlmuttknopf, Druckknopf, Notizbuch.
Vorgesehene Stoffzugabe: 0,5 cm.

**1.** Legen Sie das Notizbuch aufgeschlagen auf den Futterstoff. Geben Sie an jeder Seite 5 cm sowie oben und unten 1 cm zu. Zuschneiden.

**2.** Nähen Sie einen Streifen aus ungebleichtem Leinen und einem zweiten Stoff so zusammen, dass sich ein Rechteck von der Größe des Futters ergibt. Sticken Sie das Motiv auf; achten Sie darauf, dass es am gewünschten Platz steht.

**3.** Schneiden Sie für die Lasche ein Stoffrechteck von 8 x 5 cm zu. Schlagen Sie es an allen Seiten 0,5 cm breit um und falten Sie es dann der Länge nach in der Mitte. Nähen Sie die Lasche mit Vorstichen zusammen und hinten an der Schauseite fest (ziehen Sie diese rund ums Buch in Form).

**4.** Nähen Sie Schauseite und Futter rechts auf rechts zusammen, lassen Sie aber hinten an der Seite eine 5 cm große Öffnung. Wenden. Schließen Sie die Öffnung. Legen Sie die Klappen 4 cm breit um. Nähen Sie diese oben und unten mit verdeckten Stichen zusammen.

## Anhänger

### Material
Druckstoff, ungebleichtes Leinen, Band, Öse.

**1.** Schneiden Sie jeweils einen 8 cm weiten Kreis aus dem Stoff und dem Leinen. Sticken Sie das Motiv auf. Nähen Sie die beiden Teile rechts auf rechts mit 0,5 cm breitem Rand zusammen, lassen Sie aber noch eine Öffnung. Wenden und mit kleinen Stichen schließen.

**2.** Setzen Sie die Öse ein und fädeln Sie das Band durch.

# Deko

## Schachtel

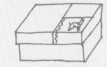

### Material
Stoff, ungebleichtes Leinen, Textilkleber, Pappschachtel.

Falls die Schachtel dunkel oder mit Motiven versehen ist, wird es vielleicht nötig sein, sie zunächst mit einer Schicht weißer Acrylfarbe zu überziehen.

**1.** Berechnen Sie die Größe des benötigten Stoffs für die Schachtel und den Deckel. Geben Sie bei jedem Maß zweimal die Seitenhöhe plus die Länge oder die Größe des Bodens plus 10 cm Stoffzugabe hinzu.

**2.** Schneiden Sie ein Stück Stoff entsprechend der Maße des Schachtelbodens zu. Nähen Sie für den Deckel zwei Stücke Stoff und ein Stück Leinen entsprechend der Maße zusammen. Sticken Sie das Motiv auf.

**3.** Überziehen Sie die Schachtel, indem Sie die Seiten bekleben: in den Ecken passen Sie den Stoff ein, indem Sie ihn nach innen falten. Legen Sie den überstehenden Stoff nach innen und kleben Sie ihn fest. Falls nötig können Sie die Randzugabe einschneiden oder den Überstand passend zurechtschneiden, um wulstige Übergänge zu vermeiden.

**4.** Bekleben Sie innen die Seiten und den Boden mit Stoff oder Papier. Lassen Sie den Stoff an den Seitenkanten sich überlappen und planen Sie Umschläge ein, falls der Stoff leicht ausfranst, damit das Ganze perfekt aussieht.

## Tischset

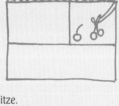

### Material
Zwei Stoffe, ungebleichtes Leinen, Zackenlitze. Vorgesehene Nahtzugabe: 0,5 cm.

**1.** Schneiden Sie zwei 15 x 11 cm große Rechtecke aus einem Stoff und dem Leinen zu, danach ein Rechteck von 29 x 13 cm aus dem zweiten Stoff. Sticken Sie das Motiv auf das Leinen.

**2.** Nähen Sie die beiden kleinen Rechtecke rechts auf rechts an einer kurzen Seite zusammen. Setzen Sie die Bahn rechts auf rechts an das dritte Rechteck an.

**3.** Schneiden Sie ein Futter in entsprechender Größe zu. Legen Sie es rechts auf rechts auf das Tischset. Setzen Sie die Zackenlitze zwischen die beiden Stofflagen, indem Sie Letztere an den Kanten umschlagen. Zunähen, aber eine Öffnung lassen. Wenden, dann die Öffnung schließen.

## Untersetzer

### Material
Druckstoff, ungebleichtes Leinen.

**1.** Schneiden Sie zwei Quadrate zu: eines aus Leinen mit 10 cm Seitenlänge und eines aus dem Druckstoff mit 14 cm Seitenlänge. Sticken Sie das Motiv auf das Leinen mit mindestens 1 cm Abstand zu den Rändern auf.

**2.** Richten Sie links auf links das bestickte Karree mittig auf dem bedruckten Viereck aus. Markieren Sie auf dem Druckstoff einen doppelten Umschlag von 1 cm an den Seiten, dann oben und unten. Nähen Sie den Umschlag mit Vorstichen rundum fest.

## Deckelüberzug für Marmeladenglas

### Material
Druckstoff, ungebleichtes Leinen, Borte oder Spitze, Band.

**1.** Schneiden Sie einen 9 cm großen Kreis aus dem Leinen zu und besticken Sie ihn. Markieren Sie rundum einen Umschlag von 0,5 cm.

**2.** Schneiden Sie einen 15 cm großen Kreis von dem Druckstoff zu. Applizieren Sie das bestickte Leinen in dessen Mitte. Umsäumen Sie den Kreis mit der Borte.

## Kissen

### Material
Stoff, Kissenfüllung, Zackenlitze. Vorgesehene Nahtzugabe: 0,5 cm.

**1.** Schneiden Sie zwei 25 x 35 cm große Rechtecke aus dem Stoff zu, besticken Sie das eine mit dem Motiv und nähen Sie die Litze auf.

**2.** Nähen Sie rechts auf rechts die beiden Rechtecke zusammen, lassen Sie aber eine Öffnung. Wenden, füllen und die Öffnung schließen.

## Beutel

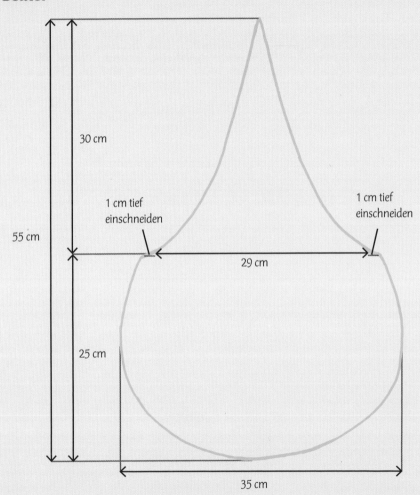

30 cm

55 cm

25 cm

1 cm tief einschneiden

1 cm tief einschneiden

29 cm

35 cm

## Handarbeitsbeutel: Großes Modell

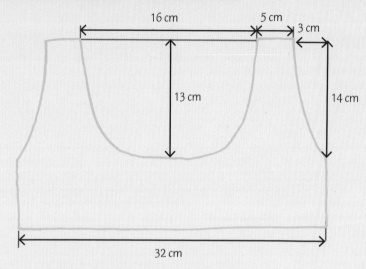

16 cm

5 cm

3 cm

13 cm

14 cm

32 cm

## Handarbeitsbeutel: Kleines Modell

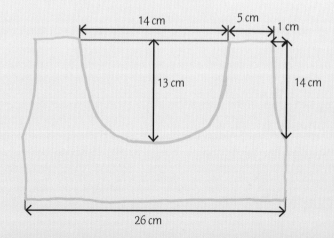

14 cm

5 cm

1 cm

13 cm

14 cm

26 cm